Impressum
Verlag: BABADADA GmbH, Nedderfeld 112 , 22529 Hamburg
Geschäftsführer / Verlagsleitung: Harald Hof
Druck: Books on Demand GmbH, In de Tarpen 42, 22848 Norderstedt

Imprint
Publisher: BABADADA GmbH, Nedderfeld 112 , 22529 Hamburg, Germany
Managing Director / Publishing direction: Harald Hof
Print: Books on Demand GmbH, In de Tarpen 42, 22848 Norderstedt

baba

دبستان

ba
dadadada
186/2
bababa
هەوشا دبستانێ
babadada
تەختە
dada
مامۆستە
dadadada
dadaba
نڤیساندن
dadaba
پێنڤیسک
ba
baba
راستەک
dadaba
پرتووک
bababa
خوەندەکار

dadaba

چەوال

dada

قووتی نڤیستۆک

bababa

قەلەمرساس

dadaba

نڤیستۆک تووژکر

baba

ژێبر

ba

نڤیسکا نیگارێ

2 baba - دبستان

bababa
....
نیگار

ba
....
فرچەیا رەنگێ

dada
....
قووتی رەنگ

babadada
....
مەقەس

dadaba
....
لەزاق

dadadada
....
پرتووکا فێربوون

babadada
....
وەزیفا مالێ

bababa
....
هەژمار

dadaba
....
زێدەکرن

bababa
....
دەرخستن

badada
....
زێدەکرن

dadababa
....
هەسباندن

babababa
....
تیپ

babababa
....
ئالفابە

dada
....
پەیڤ

babadada
....
نڤیسێ

dadadada
....
خواندن

dada
....
گەچ

babababa
....
دەرس

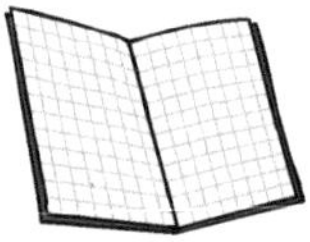

ba
....
قەیدکرن

baba
....
ئیمتیهان

babababa
....
شەهادە

babadada
....
کنجا دبستانێ

babababa
....
پەروەردەهی

dadababa
....
زانستنامە

babababa
....
زانینگە

dadababa
....
میکرۆسکووپ

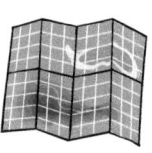

bababa
....
خەریتە

babadada
....
سەپەتا کاخەزێ

babadada
مێڤانخانە
ROOMS
dadaba
مێڤانخانە
dadadada
dada
ado
ماشین

dadadada

زمان

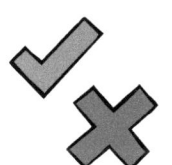

da / meh

بەلێ / نا

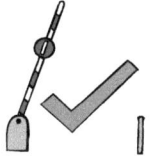

Oh

باش

ba

سلاڤ

dada

وەرگێڕا نڤیسکی

dada

سپاس

bababababa

....

بهایێ ... چ قاسه؟

ah

....

ئەز فام ناکم

dadaba

....

ئاریشه

ba dada

....

ئێڤارباش!

babadada

....

سپێدی باش!

heia!

....

شەڤ باش!

dadaba

....

خاترێ ته

badada

....

ئالی

dada

....

هوورموور

bababababa

....

چەنته

bababababa

....

چەنته پشت

baba

....

مێڤان

dadadada

....

ئۆده

dadadada

....

جامه خەو

dada

....

چادر

dadadada

ئاگاگیێن گەرۆکان

badada

رەخێ ئاڤێ

babadada

کارتێ قەرزێ

dadababa

تاشتێ

baba

فراڤین

bababa

شیڤ

dada

کارت

dada

ئاسانسۆر

babadada

پوول

badada

تخووب

dadaba

گومرک

babadada

بالیۆزخانە

dadaba

ڤیزا

dada da da da

پاساپۆرت

dadadada

baba
dada
baba
ئەرەبە ئاگرکووژ
bababa
کامیۆن
babababa
ئۆتۆبووس
dada
dadadada
دوچەرخە
ado
ماشین

babadada

پاپۆڕ

baba

پاپۆڕ

bababa

مۆتۆرسیکلێت

ado

ترمبێلا پۆلیسێ

ado

ترمبێلا پێشبازیێ

auto

ئەرەبە کرێکرنێ

dada

ماشین پەرڤەکرن

ado

کامیۆنا کشاندنێ

ado

کامیۆنا خوەلی

brumbrum!

مۆتۆرسیکلێت

bababa

مازۆت

dada

ئیستەگەها بەنزینێ

dadaba

تابلۆیا ترافیکێ

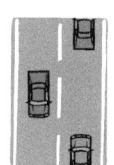

badada

هاتنوچوون

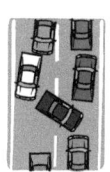

ado ado

ترافیک

babadada

جهێ پارکێ

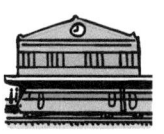

babababa

راوەستەگا ترێنێ

dada

رێچ

dadaba

ترێن

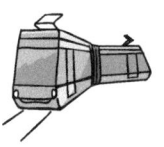

baba

ترێنێ کۆلانێ

dadaba

ئەرەبە

baba

....

بابرۆک

baba

....

بالافرگەه

dadaba

....

برج

baba

....

مسافر

badada

....

قووتی

dada

....

قووتی

baba

....

گرگرۆک

dadadada

....

سەلک

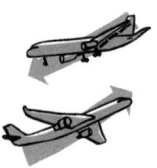

da / bada

....

رابوون / نیشتن

dadaba

باژار

bababa

....

گوند

dadababa

....

ناڤەندا باژارێ

dadaba

....

خانی

baba
سینما

baba
رێکلام

ba
چرایی رێیی

dadadada
رێ، کۆلان

ato
تاکسی

nom! nom!
دکان

dadaba
پیا

babadada
پیاری

dada hoppa
رێیا دەرباربوونێ

bababa
فووتی

bababa
رێیا دەرباربوونێ

dadababa
چرایێن ترافیکی

babadada

کۆخ

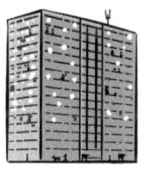

dadadada

خانی

babababa

راوەستمکا ترێنێ

dadaba

تەلارا شارەڤانی

bababa

مووزەخانە

baba

دبستان

babababa

زانینگە

dadadada

بانک

aua!

نەخوەشخانە

babadada

مێڤانخانە

aua!

دەرمانخانە

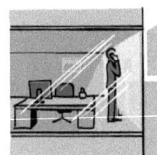

baba

ئۆفیس

bababa

کتێبفرۆشی

ba

دکان

dadaba

گولفرۆش

dada nom nom

بازار

dadadada

بازار

dadadada

سوپەرمارکەت

nom! nom!

ماسیفرۆش

baba

ناڤەندا کرین

ba

بەندەر

dadadada

پارک

baba

سەکوو

babababa

پر

dadadada

دەرنجە

bababa

ژێر ئەردێ

baba

توننەل

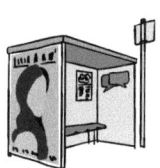

ba

ئیستگەها ئۆتۆبووس

babababa

بار

nom nom!

خوارنگەه

dadaba

سندووقا پۆستێ

dada

نیشاندەرکا رێیێ

baba

مەترا پارکینگێ

bababa

باخچا هەیوانان

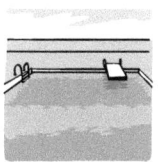

dada

هەوزا مەلەڤانی

baba

مزگەفت

dadaba

جۆتگەه

dadababa

لەوتاندنا دەردۆر

bababa

گۆرستان

ba

کەنیسە

dadababa

ئەردێ لەیستنێ

bababa

پەرستگەه

dada

تەبیەت

baba
گەلا
baba
نیشاندەرکا رێ
dada
bababa
baba
کەڤر
dada
dadababa
دار
bababa
dada
گیا
mama!
کولیلک

badada

دۆل

bababa

گر

dadadada

گۆل

dadadada

دارستان

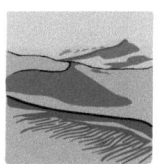

dadababa

بەیابان

dadaba

ڤۆلکان

babababa

کەلەه

dadaba

کەسکەسۆر

bababa

کڤارک

dadababa

دارقەسپ

aua!

مخمخک

badada

مێش

dadababa

مێری

summ summ

هنگ

dada

پیرێ

dadaba

کێزک

quak

بەق

dadababa

سمۆر

dadaba

ژیژۆک

baba

کەرگوە

gackgack

پەپووک

gackgack

چڤیک

gackgack

قوو

babadada

بەرازێ کێڤی

dadadada

پەزکێڤی

dadadada

پەزکێڤی

dadadada

بەنداڤ

ba

توورببینا با

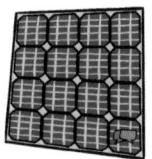

dadadada

پانەلا خۆرێ

bababa

ئاڤ و هەوا

nom nom!

dadadada
بەرکار
baba
dadaba
کورسی
nom! nom!
شۆربە
nom nom!
پیزا
bababa
سفرە
ba
چەتەل و چەمچک

nom! nom!
....
خوارنا دەستپێک

nom! nom!
....
خوارنا سەرەکی

nom nom!
....
شیرانی

dadababa
....
ڤەخوارنان

nom nom!
....
خوارن

nom nom!
....
جام

nom! nom!

خوارنا لەز

nom! nom!

خوارنا رێیێ

babababa

چایدانک

nom! nom!

قووتی شەکرێ

nom nom!

بەش

dadaba

مەکینا چێکرنێ ئەسپرەسسۆ

bababa

کورسیا بلیند

ba

هەساب

bababa

سێنی

ba

کێر

babadada

چەتەل

dadaba

کەڤچی

bababa

کەڤچیا چای

dadaba

پێشگر

ba

قەدەھ

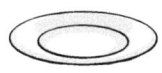

nom nom!

....

تەیفک

bababa

....

تەیفکا شۆربە

bababa

....

پیالە

nom! nom!

....

چێنج

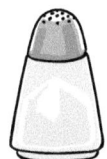

dadadada

....

خوێدانک

dadaba

....

قووتی بیبار

bähbäh

....

سێک

dadababa

....

روون

dadababa

....

بهارات

nom! nom!

....

کەتچاپ

nom! nom!

....

موستارد

nom nom!

....

مایۆنێز

dada nom nom

بازار

dadababa
پێشکێشێن تایبەت
FOR
dadaba
مشتەری
dadaba
baba

dadaba

قەسابی

nom! nom!

دکانا نانپێژ

bababa

وەزن کرن

bähbäh

سەبزە

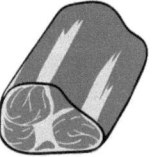

nom nom!

گۆشت

nomnom

خوارنێ جەمەدی

nom nom!

گۆشتێ سار

nomnom

خوارنا پیلێ

bababa

خوبارێ پاقژکرنێ

baba

شرینی

dadaba

بەرهەمێن ناڤخوەیی

dadababa

بەرهەمێن پاقژکرنێ

bababa

فرۆشیار

bababa

خەزنۆک

dadaba

دراڤگر

dada

لیستا کڕینێ

dadababa

دەمێن ڤەکری

baba

جزدان

babadada

کارتێ قەرزێ

dadababa

چەوال

dadababa

چەنتە

wasa

....

ئاڤ

dadadada

....

شەربەت

badada

....

شیر

ba

....

کۆمر

bababa

....

شەراب

dadadada

....

بیرا

dadaba

....

ئالکۆل

bababa

....

کاکۆ

dadababa

....

چای

dada

....

قەهوە

dadaba

....

ئەسپرەسسۆ

dadababa

....

کاپۆچینۆ

nom nom!

خوارن

nane

مۆز

nom nom!

سێڤ

bababa

پرتەقالی

nom nom!

گوندۆر

nom nom!

لیمۆن

bähbäh

گێزەر

bada meh

سیر

dadaba

قامر

dadaba

پیڤاز

nom nom!

قارچک

nom nom!

گەویز

nom nom!

شهیره

nom nom!

....

سپاگێتتی

nom nom!

....

برنج

nom nom!

....

سەلەتە

nom nom!

....

چیپس

nom nom!

....

پەتەتەیا براشتی

nom nom!

....

پیزا

nom nom!

....

هامبورگەر

nom nom!

....

نانۆک

nom nom!

....

گۆشتێ ستوویێ بەرخی

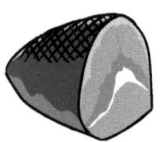

nom nom!

....

گۆشتێ هشککری

nom nom!

....

سالامێ

nom nom!

....

سۆسیس

gack gack

....

مریشک

nom nom!

....

بژارتن

nom nom!

....

ماسی

24 nom nom! - خوارن

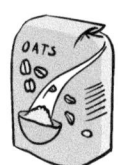

nom nom!
....
شۆربە بلوول

bähbäh
....
مووسلی

nom nom!
....
کەرتێن گلگلان

nom nom!
....
ئارد

nom nom!
....
جرۆسسانت

babadada
....
سەموون

nom! nom!
....
نان

nom nom!
....
تۆست

nom nom!
....
نانک

nom nom!
....
نڤیشک

nom nom!
....
ماست

nom nom
....
کولیچە

dadaba
....
هێک

nom nom!
....
هێکا قەلاندی

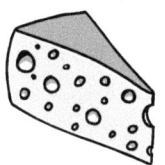

bada muh
....
پەنیر

nom nom!

....

دۆندرمە

nom nom!

....

شەکر

baba summ

....

هنگڤ

nom nom!

....

مرەبا

nom nom!

....

خامەیا نۆوگات

babadada

....

کوڕی

26 nom nom! - خوارن

dadaba

ba
خانیا چەولگا
dadaba
کادین
dada
تەپکا پووشێ
bababa
hoppa
dada
کاروان
bababa
تراکتور
dadaba
جانی
iaa
کەر
mää
بەران
bebi mää
بەرخ

baba
....
بزن

muh
....
چێلەک

mimuh
....
گۆلک

mama oink
....
بەراز

oink
....
خنزیرک

dadadada
....
بۆخە

gackgack

قاز

gackquack

مراڤی

gacki

جووچک

gackgack

مریشک

gacko

کەلشێر

dada

جرج

mau

کتک

bababa

مشک

muh

گا

wauwau

کووچک

wauwau

خانیا کووچکێ

baba

خانی باخێ

dadababa

قووتیکا ئاڤدانێ

baba

شالووک

dadababa

گاسن

baba

....

داس

dadadada

....

مەربێڕ

dada

....

دارساپک

bababa

....

بڤر

babababa

....

دەستگەرە

baba

....

قووتی خوارنا جانداران

dada muh

....

قووتی شیر

dadababa

....

توور

badada

....

چەپەر

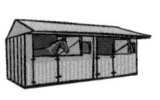

dadadada

....

ئاخور

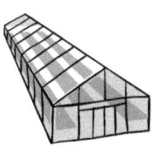

ba

....

خانا کولیلکان

babadada

....

ئاخ

baba

....

دەندک

baba

....

پەین

dadababa

....

کۆمباین

bababa

....

زاد

dadadada

....

زاد

dadaba

....

پەتەتە

dadababa

....

گەنم

dadababa

....

فاسۆلی

bababa

....

پەتەتە

badada

....

دەخل

bababa

....

دندک

bababa

....

دارێ فێکی

dadadada

....

سێڤێ بن ئەردێ

dadababa

....

زاد

dadaba

خانی

ba
babadada
بانی
dadaba
baba
dingdong
زەنگلێ دەری
dada
گاراژ
bababa
دەری
babadada
ba
badada

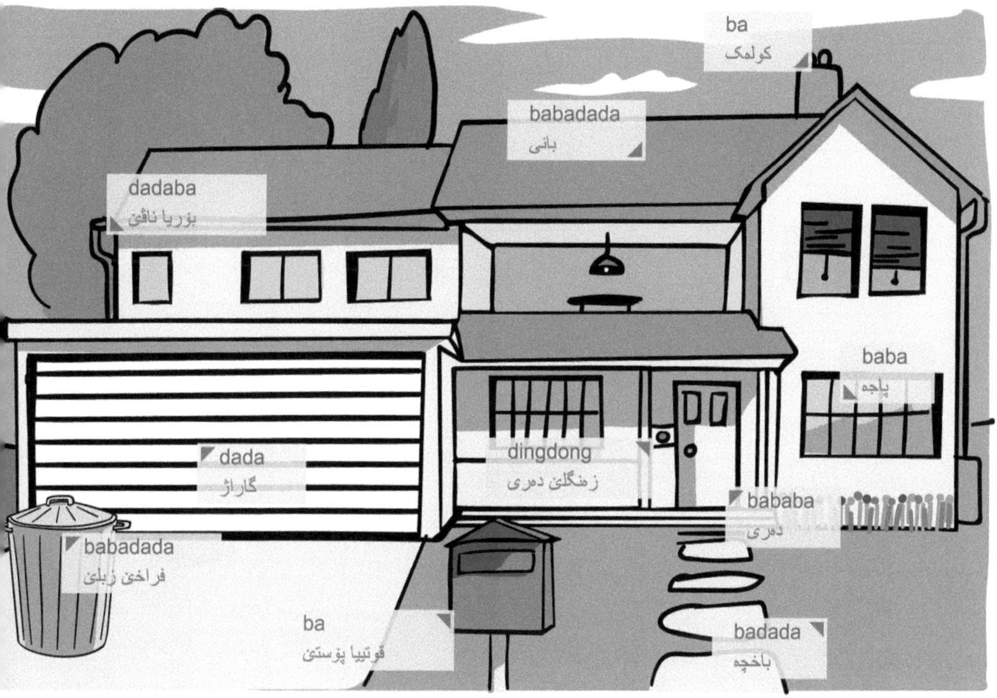

dadadada

....

ئۆدا روونشتنێ

bababa

....

هەمام

bababa

....

مەتبەخ

dadababa

....

ئۆدا خەوێ

meina

....

ئۆدەیا زارۆک

dadaba

....

ئۆدا شیڤێ

dadaba - خانی

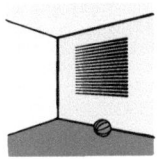

badada
....
بنی

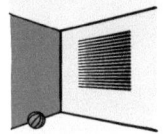

dadababa
....
دیوار

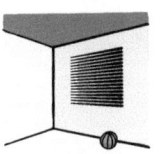

bababa
....
بەربان

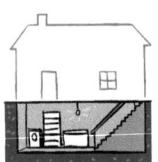

dada
....
خەنزک

dadababa
....
ساونا

babababa
....
بالکۆن

dadadada
....
بەردانک

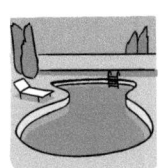

bababa
....
هەوزا مەلەڤانی

baba
....
چیمەن بڕ

dadaba
....
مەلهەفە

babadada
....
بەتانی

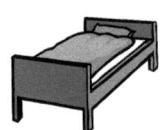

heia!
....
نڤین

dada
....
گەزک

dadaba
....
ساتل

dadababa
....
کلیل

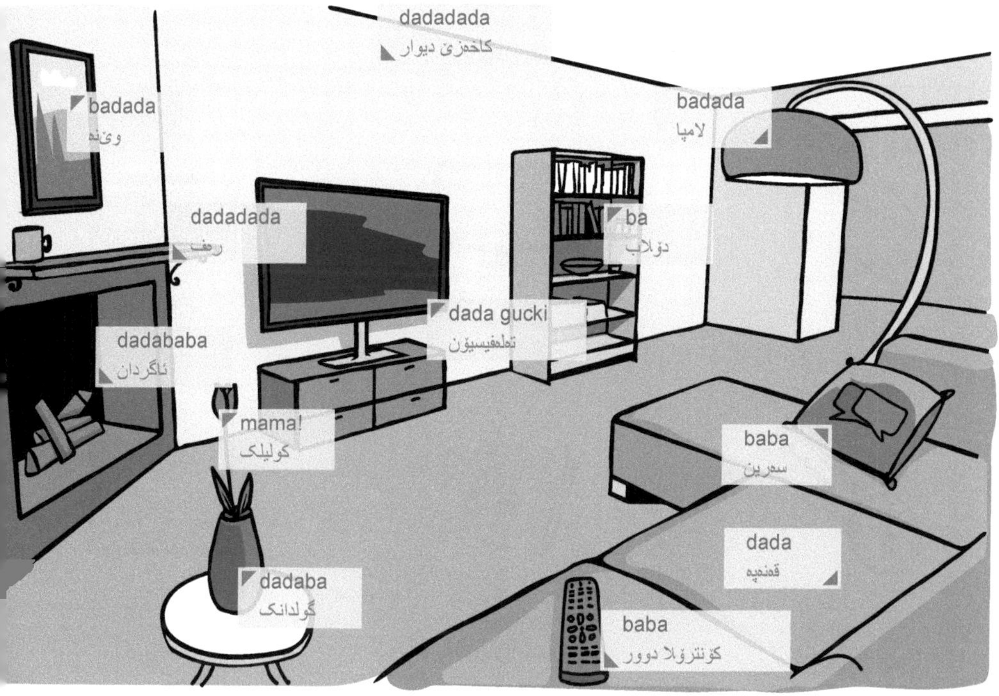

dadadada

dadadada
badada
badada
لامپا
dadadada
ba
دۆلاب
dada gucki
تەلەفیسیۆن
dadababa
ئاگردان
mama!
گولیلک
baba
dada
قەنەپە
dadaba
گولدانک
baba
کۆنترۆلا دوور

dada
خالیچە

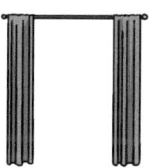

bababa
پەردە

ba
مێز

dadaba
کورسی

dadadada
کورسیا هەژانۆک

bababa
کورسی

dadaba

پرتووک

dadadada

بەتانی

dadaba

خەملاندن

ba

ئێزنگ

dadadada

فیلم

lala

هـف

babadada

کلیل

dadadada

ڕۆژنامە

dadadada

نیگار

bababa

پۆستەر

lala

ڕادیۆ

dadababa

دەفتەر

babadada

سڤنکا ئەلەکتریکی

aua!

کاکتووس

babadada

مۆم

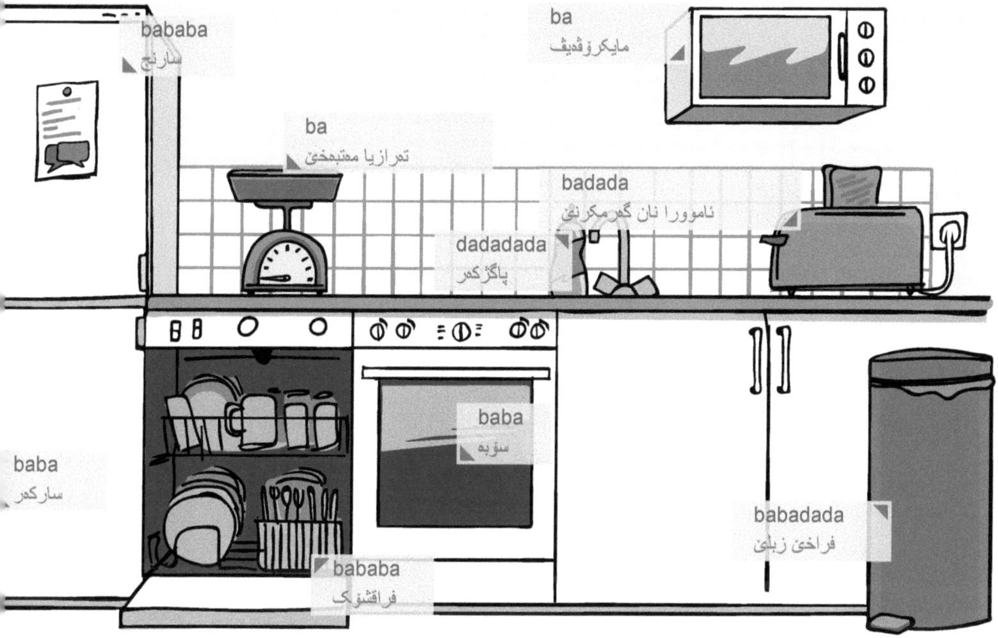

bababa

مەتبەخ

bababa
ba
مایکرۆڤەیڤ
ba
تەرازیا مەتبەخێ
badada
ئامووڕا نان گەرمکرنێ
dadadada
پاگژکەر
baba
سۆبە
baba
سارکەر
bababa
فراقشۆک
babadada
فراخێ زبلێ

dada

سۆبە

dada

ئامان

dada

ئامانێ نووتوو

baba / dada

فراقێ مەزن

badada

دیزک

ba

کەلینک

bababa - مەتبەخ

dadababa

فراقێ هلمێ

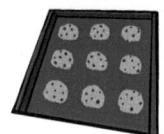

bababa

سێنی نانێ

dadaba

فراق

dadadada

پیاله

dadaba

کاسک

baba

دارێ نانخوارن

dadaba

هەسک

dadadada

کەڤچیا مەزن

badada

رینەک

dada

کەفگیر

bababa

بێژنگ

baba

رێشکەر

dadababa

دەستار

dada

براشتن

aua!

ئاگرێ ڤالا

dadababa

....

تەختەیا بڕینێ

babababa

....

دارکێ تیرێ

dadababa

....

دەڤک بادەک

dadadada

....

قووتی

bababa

....

قووتیڤەکر

dadababa

....

جاوێ ئامانان

dadadada

....

دەستشۆ

dadababa

....

فرچە

ba

....

پارازۆا

aua!

....

تەڤدێر

babadada

....

سارکەرێ جەمەدی

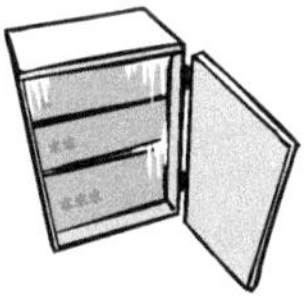

bababa

....

شووشە بەبکان

dadadada

....

هەنەفی

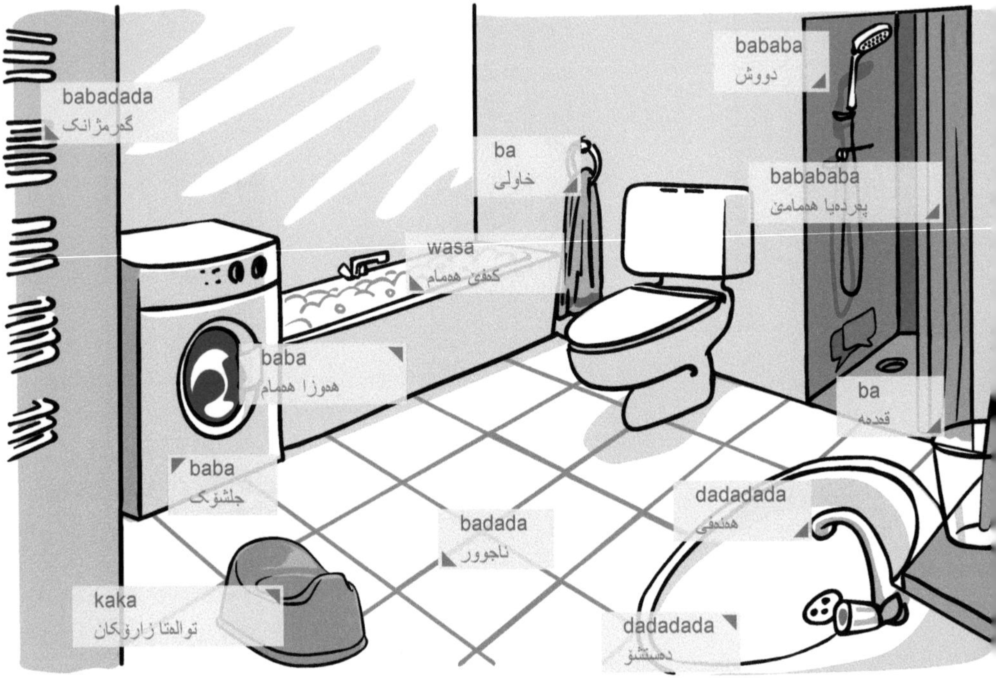

bababa

هەمام

babadada
ba
خاولی
bababa
babababa
پەردەیا هەمامێ
wasa
کەفێ هەمام
baba
هەوزا هەمام
ba
baba
dadadada
badada
ئاجوور
dadadada

kaka

تووالەت

ba

تووالەتا ئەردی

dadababa

تووالەت

dadababa

ئاڤدەستخانا مێران

kaka

کاخەزا تووالەت

bababa

فرشەیا تووالەت

38 bababa - هەمام

bababa

فرچەیا دران

nom! nom!

ممجوونا دران

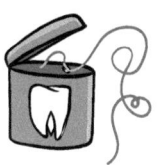

dadadada

نەخا ددان

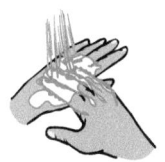

bababa

شووشتن

babababa

دووشێ دەستێ

dadadada

دووش

badada

دەستشۆ

dadadada

فرچا پشت

nom! nom!

سابوون

nom! nom!

جێلێ هەمام

nom! nom!

شامپۆ

babadada

فانیله

dadaba

زێراب

nom! nom!

کرێم

babababa

بێهن خوشکر

dadadada

مرێک

dadadada

مرێکا دەستێ

ba

گووزان

nom! nom!

کەفێ تەراشینێ

nam! nam!

مەجوونا پشتی تەراشینێ

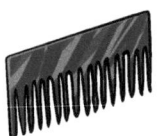

dadababa

شەه

baba

فرچە

dadadada

پۆر هیشککر

badada

سپرایا پۆرێ

dadaba

کۆزمەتیک

mama!

سۆراڤک

ba

رەنگێ نینۆک

bababa

پەمبوو

dadadada

مەقەستا نینۆک

bababa

پارفووم

dadadada

چەوالێ هەمامێ

bababa

کورسیا بێ‌پشت

dadadada

تەرازی

ba

کنجا هەمامێ

babababa

لەپکا لاستیکێ

ba

تامپۆن

bababa

خاولیا پاقژکرنێ

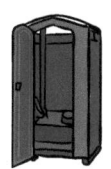

baba

توالەتا کیمییەوی

meina

ئۆدەیا زارۆک

bababa
دەمژمێرک
bababa
لیستۆک
auto
ماشینا لیستۆک
dadadada
خشخشۆک
bababa
مالا لیستۆک
babababa
خەلات

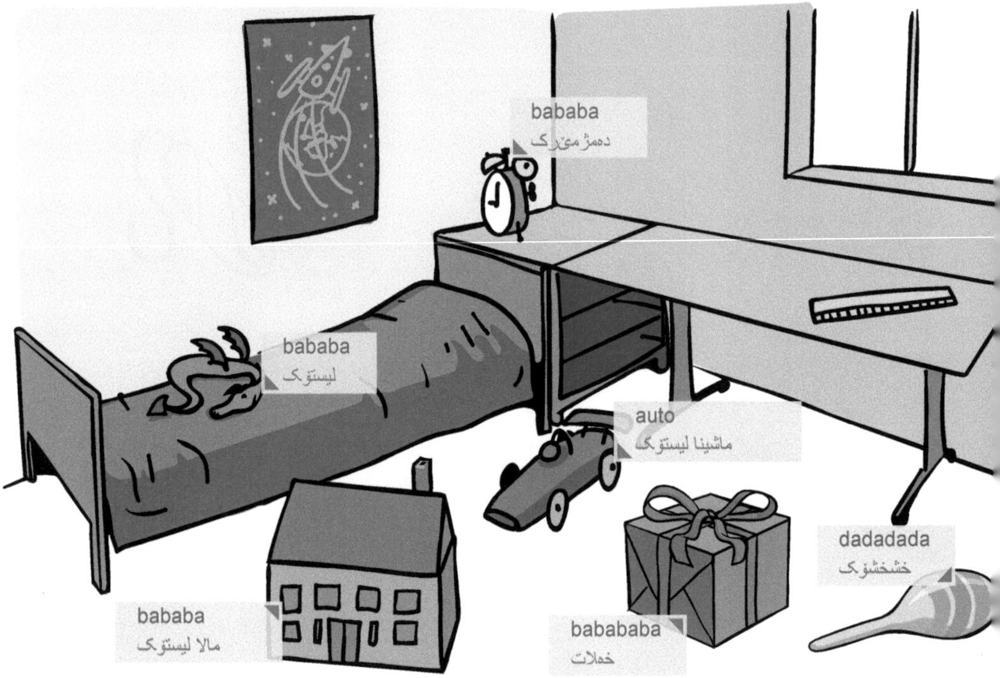

dadadada

پفدانک

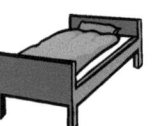

heia!

نڤین

dadaba

کۆچک

dadababa

لیستکا کارتێ

bababa

فریزبی

dadababa

کۆمیک

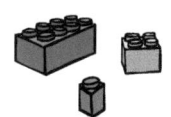

badada

ئاجوورا لێگۆ

badada

ئاجوورا لیستۆک

dada

بووکە شووشە

dadadada

کنجا بەبکان

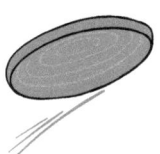

dadaba

فرزبێ

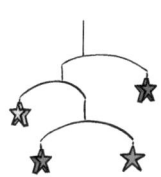

dadaba

ڤەگو هەستن

ba

لیستکێن تەختە

baba

مۆر

dadababa

مۆدێلا ترێنێ

lula

مەمک

baba

جەژن

dadaba

کتێبا وێنە

dada

تۆپ

dada

بووکە شووشە

badada

لەییستن

dadaba

کونا خیزێ

babababa

جۆلانە

dadababa

لیستۆکان

dadaba

لیستکا ڤیدەۆیی

babadada

سێچەرخە

dadababa

هرچا لیستۆک

dadaba

جلدانک

baba

کنج

dadadada

گۆرە

ba

گۆرە

dada

دەرپێگۆرێ

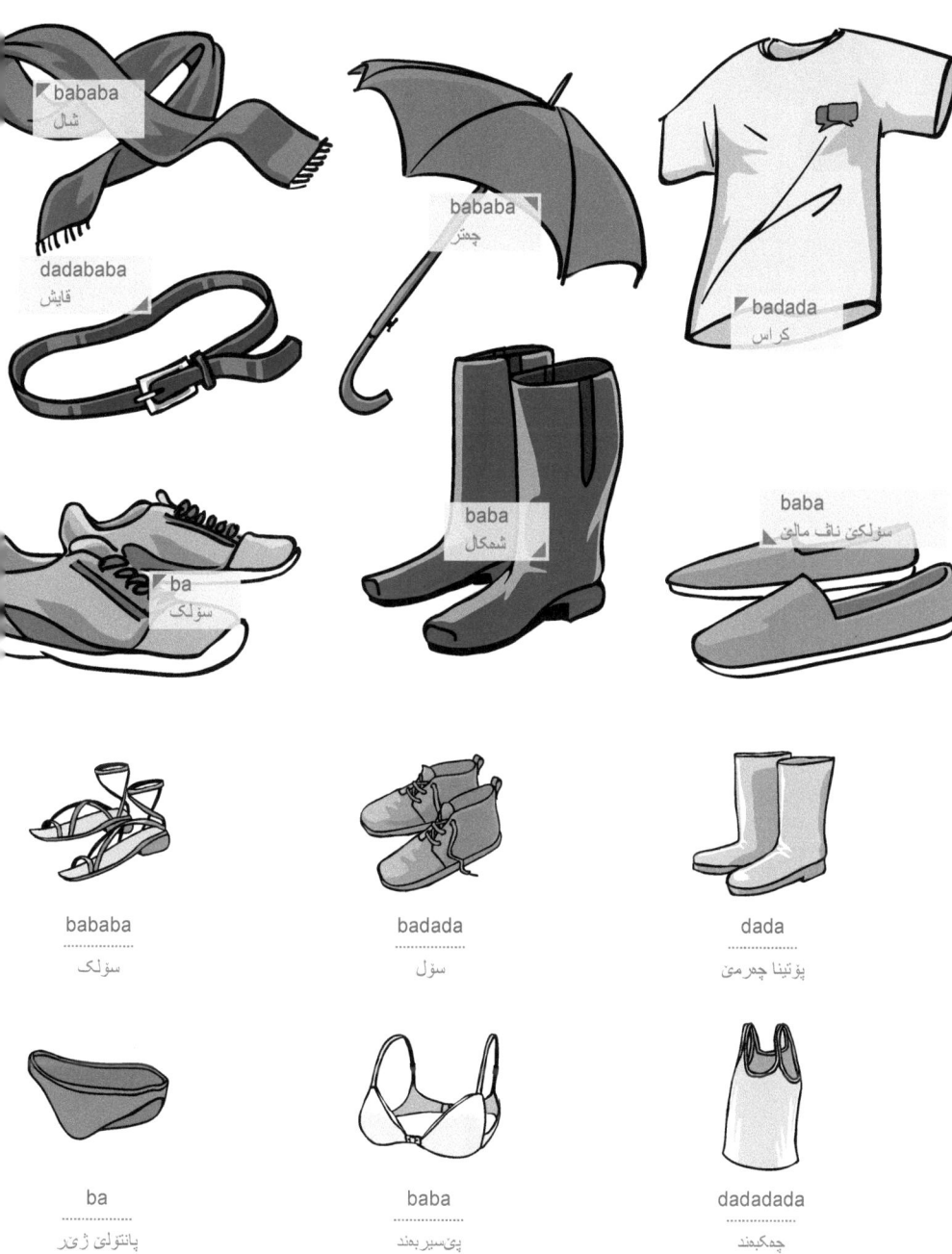

bababa
شال

dadababa
قايش

bababa
چەتر

badada
كراس

baba
شمكال

baba
سۆلكئ ناف مالئ

ba
سۆلك

bababa
سۆلك

badada
سۆل

dada
پۆتينا چەرمى

ba
پانتۆلئ ژئر

baba
پى سىر بەند

dadadada
چەكبەند

badada

....

جەندەمک

ba

....

پانتۆل

bababa

....

ژەانس

dada

....

دامان

bababa

....

کراس

dadadada

....

کراس

baba

....

فانێلە

baba

....

فانێلە

babadada

....

جاکێت

baba

....

ساکۆ

bababa

....

چاکەت

dadababa

....

بارانی

bababa

....

لەباس

ba

....

فیستان

dadaba

....

جلێ داوەتێ

dadadada

....

چاکیت

babababa

....

پیٚجامە

heia

....

پیٚجامە

baba

....

ساریٚ

dadadada

....

لەچک

dada

....

میٚزەر

dada

....

هیٚرام

baba

....

کافتان

dadadada

....

ئەبا

wasa

....

کنجا ئاژنیٚکرن

bababa

....

جلکا مەلەڤانی

dadababa

....

شۆرت

babababa

....

جلا هیٚڤۆژکاری

baba

....

پیٚشمال

babababa

....

لەپک

dadaba
....
دووگمە

babadada
....
بەرچاڤک

dada
....
بازن

dadababa
....
گەردەنی

bababa
....
گوستیل

dadababa
....
گوهارک

dada
....
دەڤک

babadada
....
هلاڤستەک

dadababa
....
کووم

bababa
....
کراوات

badada
....
زیپ

dadaba
....
سەرپارێز

dada
....
دەرزی

babadada
....
کنجا دبستانێ

bababaaba
....
یوونیفۆرم

namnam

بەردلک

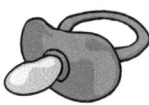

lula

مەمک

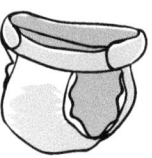

kaka!

پونداخ

baba

ئۆفیس

dadaba
پێشکەشکەر

dadababa
دۆلابی بەلگە

badada
چاپەر

dadadada
کاخەز

dadadada
نیشاندەر

dadaba
دەفتەر

ba
ماسە

baba
مشک

dada
کلافیە

babadada
سەبەتا کاخەزێ

dada
کۆمپیوتەر

bababa
کورسی

dada

کاسکا قەهوە

bababa

هەسابکەر

da da

ئینتەرنەت

papa!

....

کۆمپوتەرا لاپتۆپ

dadababa

....

نامە

ba

....

پەیام

fon

....

تەلەفۆنا مۆبیل

bababa

....

تۆر

ba

....

مەکینا فۆتۆکۆپی

bababa

....

سۆفتوارە

dada bing

....

تەلەفۆن

aua!

....

سۆجکەتا فیشەک

bababa

....

مەکینا فاخێ

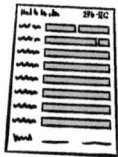

dadaba

....

فۆرم

bababa

....

بەلگە

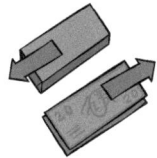

baba

كرين

dadadada

پەرە دان

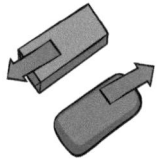

dadaba

بازرگانیی

badada

پەرە

babadada

دۆلار

dadaba

يۆرۆ

JPY

bababa

يەنێ ژاپۆنێ

RUB

ba

رۆبلێ رووسی

CHF

dada

فرانكێ سویسی

CNY

dada

يوانێ چینی

INR

ba

رووپێ هندی

ba

ممكینا ژخۆەبەرا دراڤ

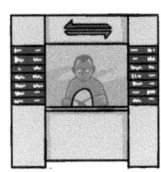

dadadada

....

ئۆفیسا پەرە ڤەگوهارتنێ

dadadada

....

زێڕ

baba

....

زیڤ

dadadada

....

نەفت

ba

....

وزە

dadadada

....

بها

baba

....

پەیمان

bababa

....

تاخ

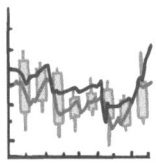

dadadada

....

سەهام

dadaba

....

کارکرن

dadadada

....

کارکەر

dadababa

....

کاردا

dadaba

....

فابریکا

ba

....

دکان

ba

پرۆفەسیۆن

baba
پۆلیس
dada
ئاگرکوژ
babababa
aua!
bababa
فرۆکەڤان

bababa
باخچەڤان

bababa
نەجار

baba
دروونڤان

bababa
هاکم

dadaba
شیمیازان

dadababa
شانۆگەر

ba

شوفێرێ باسێ

auto mann

شوفێرەکی تاکسیێ

bababa

ماسیڤان

dadadada

پاگژکەر

dadadada

چێکرێ بانی

dadadada

بەرکار

badada

نێچرڤان

dadadada

رەنگرێس

dadababa

نانپێژ

papa!

کارەباڤان

babababa

ئاڤاکەر

bababa

ئەندەزیار

dadababa

قەساب

dadadada

لوولەکار

bababa

پۆستەڤان

dadadada

ئەسکەر

ba

میمار

dadaba

دراڤگر

bababa

فرۆتکارا چیچەکان

babadada

پۆرچێکەر

bababa

ئاژۆڤان

dadaba

مەکانیک

dada

کەشتیڤان

badada

پزیشکا ددانان

ba

زانستیار

bababa

رووهان

dadaba

ئیمام

dada

کەشە

dadadada

کەشیش

dada

ئامووران

baba
مووچینگ
baba
چەکووچ
babababa
جەربادەر
dadababa
dadaba

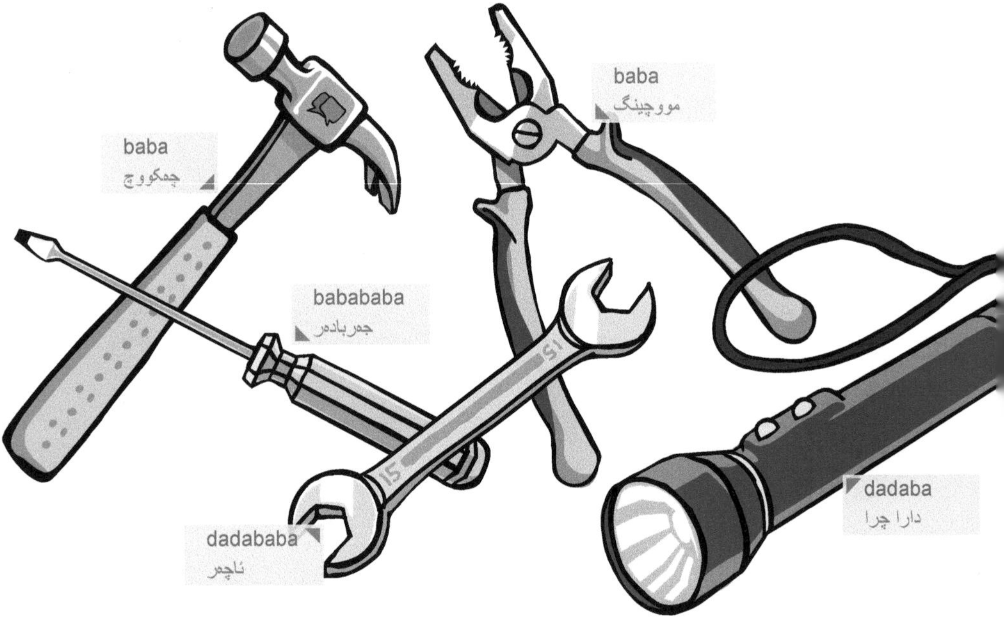

dadaba

شۆفەل

baba

قووتیا ئامووران

babababa

پەیژە

dadaba

مشار

babadada

میخ

dada

قولکرن

dadababa

چێکرن

dada

مەربێر

aua!

نالەت!

dada

بێل

dadaba

قووتیا رەنگێ

babababa

جەڕ

bababa

ئامووریێن مووزیکێ

boom boom
بلیندگو
bungas
کۆمێ دەهۆل
ba
گیتار
dadababa
جۆرەیا گیتار
bombede
زرنا

bababa - ئامووریێن مووزیکێ 57

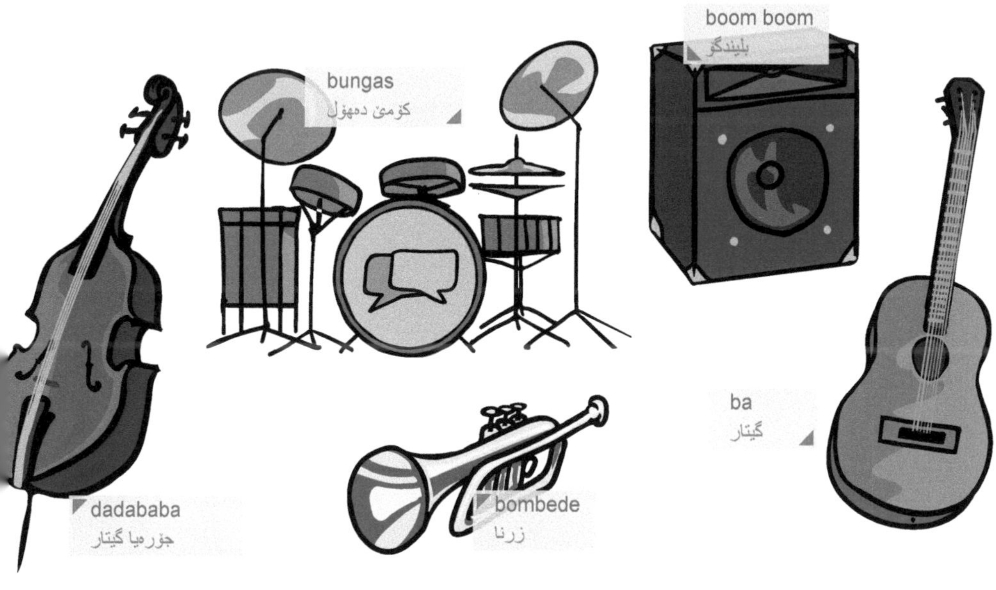

bingbing

پیانۆ

bababa

ڤیۆلین

ba

باس

badada

دەهۆل

bunga bunga

داهۆل

badada

کەیبۆارد

dadababa

ساکسۆفۆن

dadababa

بلوور

dadadada

میکرۆفۆن

bababa

باخچا هەیوانان

baba
dada mau
پلنگ
bababa
قەفەس
dadababa
babadada
خوارنا هەیوان
dada
پاندا

dadadada

هەیوان

bababa

فیل

dadaba

کانگاروو

babadada

کەرکەدەن

dada

گۆریل

babababa

هرچ

dadaba

هێشتر

gackgack

هێشترمە

babadada

شێر

dadaba

مەیموون

gackgack

فلامینگۆ

bababa

پاپاخان

bababa

هرچا جەمسەری

dada

پەنگوین

bababa

سەماسی

dadaba

تاووس

badada

مار

babababa

تمساھ

dadadada

پاریزەرا باخچا ئاژالان

dada

سەیا دەریا

bababa

پلنگ

ei!

هەسپ

dadadada

پلنگ

dada

هەسپێ رووبار

babababa

جانهیێشتر

bababa

هەلۆ

babadada

بەرازێ کۆڤی

nom nom!

ماسی

dadadada

کووسی

anje

والرِاس

dadadada

رۆڤی

bababa

خەزال

ba

وەرزش

dadababa
فووتبۆلێ ئامەریکا
dadaba
بسکلێتان
bum bum
تەنیس
ball
باسکێتبۆل
badada
ئاڤژەنیکرن
aua!
بۆخنگ
baba

dadadada

فووتبۆل

badada

بادمنتۆن

dadababa

یێ ئاتلەتیزمێ

ball

هەندبۆل

dadadada

بەفراژۆتن

baba

پۆلۆ

dadadada

dada
bababa
baba
dada
dadababa
لاوژە گوتن
dadababa
خەون دیتن
dadadada
mama!
ماچکرن

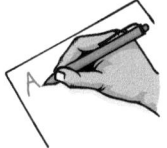

dadaba
نڤیساندن

dada
نیگار کێشان

dadababa
نیشان دان

dada
پالدان

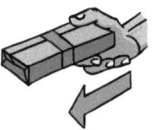

badada
داپین

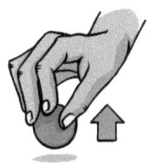

dadaba
راکرن

dadaba

هەیین

dadadada

کرن

babadada

بوون

dadadada

سەکنین

baba

بازدان

dadababa

کشاندن

dadadada

ئاڤێتن

dadaba

کەتن

badada

دەرەو کرن

dadaba

سەکنین

bababa

گوهێزتن

ba

روونشتن

dadababa

جل بەرکرن

heia!

رازان

bababa

رابوون

bababababa

....

مێزە کرن

baaaaaa

....

گرین

dadadada

....

جەلتە

bababa

....

شە کرن

bababa

....

پەیڤین

baba

....

فامکرن

badada

....

پرسکرن

dadababa

....

بهیستن

bababa

....

ڤەخوارن

nomnom!

....

خوارن

badada

....

کۆم کرن

ba

....

همزکرن

badada

....

خوارن چێکرن

dadababa

....

ئاژۆتن

dadadada

....

فڕین

dadababa

....

کەشتیڤانی

dadababa

....

هەسباندن

dadadada

....

خواندن

dadababa

....

هینبوون

dadaba

....

کارکرن

baba

....

زەوجین

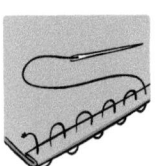

dada

....

درووتن

aua!

....

ددان شووتن

aua!

....

کوشتن

dadababa

....

دووخان

babababa

....

شاندن

oma!
داپیر
opa!
باپیر
papa!
باڤ
mama!
دێ
bebi
بەبەک
ba
کچ
badada
کور

baba

....

مێڤان

ba

....

مەت

bababa

....

ئاپ/خال

nein!

....

برا

nein!

....

خوشک

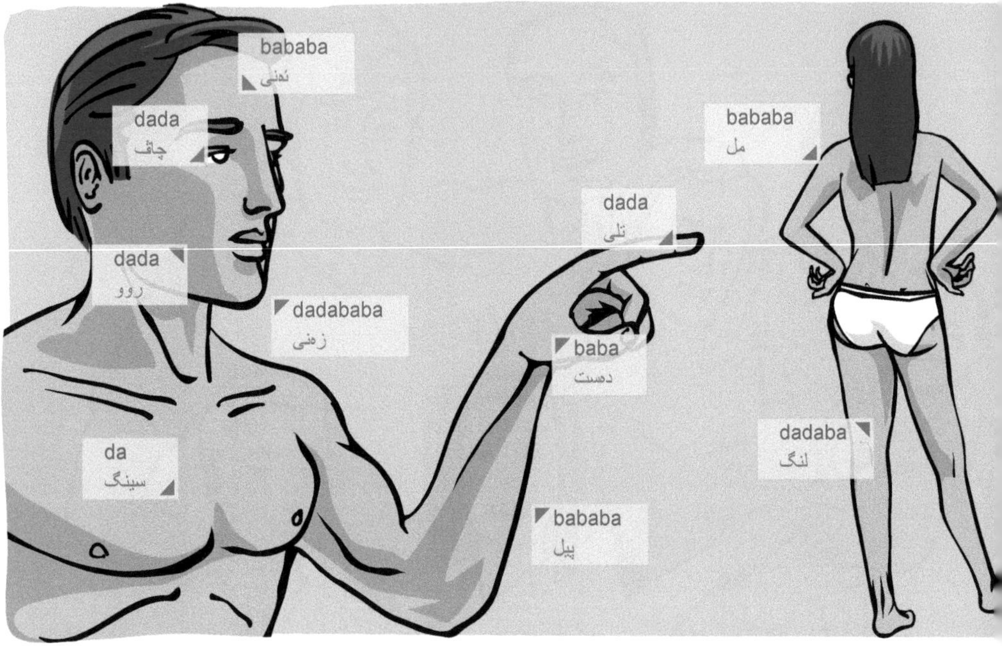

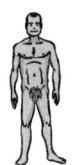

babababa
ئەنی

dada
چاو

bababa
مل

dada
روو

dada
تلی

dadababa
زمنی

baba
دەست

da
سینگ

dadaba
لنگ

bababa
پیل

bebi
بەبەک

papa!
مێر

mama
ژن

baba
کچ

babadada
کور

bababa
سەر

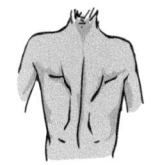

baba

پشت

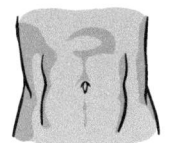

dadababa

زک

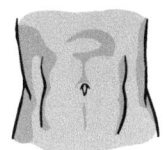

dada

ناڤک

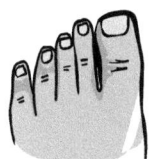

dadababa

تلیبا پێ

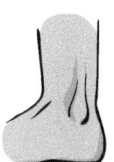

ba

پانی

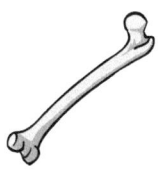

badada

هەستی

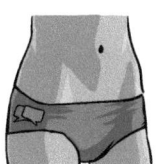

bababa

کوولیمەک

dada

ژوونی

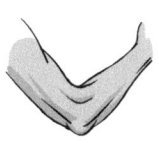

dadadada

ئەنیشک

bababa

دفن

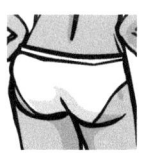

popo

قوون

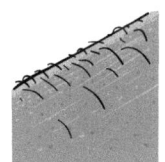

dadaba

چەرم

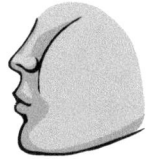

badada

روو

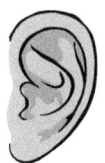

dada

گووه

babababa

لێڤ

dadababa
....
دەڤ

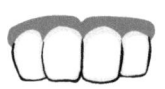

dadadada
....
دران

baba
....
زمان

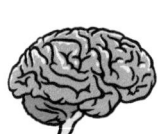

dadadada
....
مێژی

baba
....
دل

dada
....
ماسوول

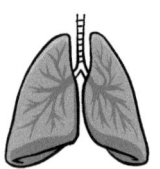

dada
....
جیگەرا سپی

dada
....
جەگەر

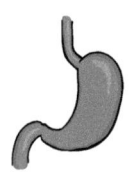

dadababa
....
مادە

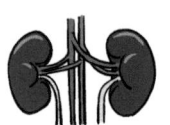

dadaba
....
گوورچکان

babadada
....
جۆتبوون

dada
....
کۆندۆم

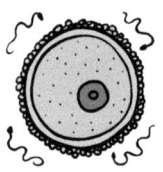

badada
....
هێک

dadababa
....
تۆڤ

dadababa
....
دووجانی

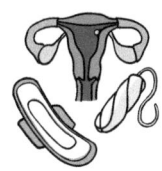

ba

ناده

mumu

قووز

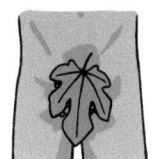

pipi

کیر

dada

بروو

dadababa

پۆر

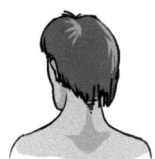

bababa

هووستوو

aua!

نەخۆشخانە

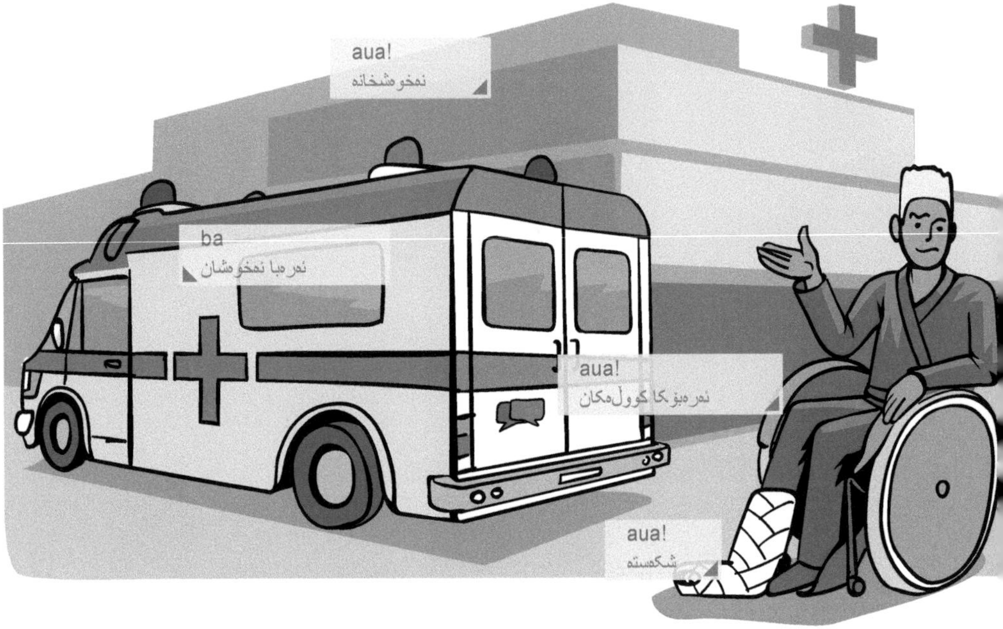

نەخۆشخانە
ba
ئەرەبا نەخۆشان

aua!

بژیشک

aua!

ئۆدا لەزگینێ

aua!

نەخۆشیار

aua!

ئاجیلییەت

aua!

بێهای

dadababa

ئێش

aua!

بڕین

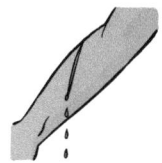

dadadada

خوێنپژان

aua!

هێرشا دلی

aua!

جەلتە

dadababa

ئالەرژی

aua!

کوخک

aua!

تا

aua!

زکام

aua!

ناڤچووین

aua!

سەرێش

aua!

قانسێر

aua!

نەخوەشیا شەکرێ

aua!

ئەمەلیکار

aua!

سکالپێل

aua!

ئەمەلی

aua!

جت

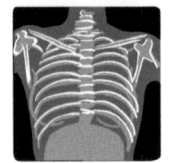

aua!

سوورەتی رۆنتگێن

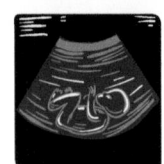

aua!

ئوولتراساوند

aua!

ماسکی روویی

aua!

نەخوەشی

aua!

ئۆدا سەکنینێ

aua!

گۆچان

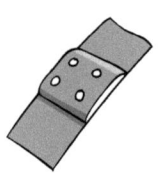

aua!

شێل

dadababa

پاچێ برینپێچانێ

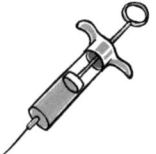

aua!

دەرزی

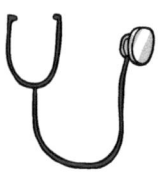

aua!

بیستۆکا پزیشکی

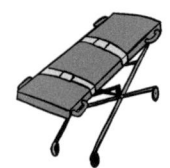

aua!

داربەست

aua!

تێهنپیڤا کلینیکێ

aua! bebi!

زایین

aua!

قەلەو

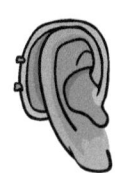

aua!

ئالیکاریا بهیستنێ

aua!

باکتەریکوژ

aua!

کۆتیبوون

aua!

ڤیرووس

aua!

هڤ / ئادس

aua!

دەرمان

aua!

کوتان

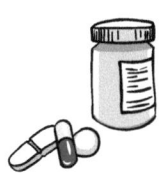

aua!

هەبان

dadaba

هەب

aua!

لەزگین

aua!

دیمەندەری پەستۆ خوین

da / ba

نەخوەش / ساخ

aua!

ئاجیلییەت

aua!

هەوار!

aua!

ئالارم

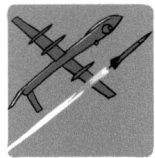

aua!

ئەڕیش

aua!

ئەڕیشکرن

aua!

تالووک

dadadada

دەرکەتنا ئاجل

dadaba

ئاگر!

dadaba

ئاگر ڤەمراندنێ

aua! aua!

قەزا

aua!

ئالەتێن ئالیکاریا یەکەم

baba

سۆس

dadadada

پۆلیس

dada

ئەرد

badada

ئەورۆپا

dadaba

ئامەریکایا باکوور

dadababa

ئامەریکایا باشوور

dadaba

ئافریکا

dadaba

ئاسیا

babababa

ئاووسترالیا

badada

ئاتلانتیک

dadaba

ئۆکیانووسا مەزن

baba

ئۆکیانووسا هندی

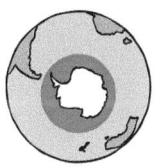

bababa

ئۆکیانووسا ئانتارکتیکا

dadababa

ئۆکیانووسا ئارکتیک

bababa

جەمسەرا باکوور

dadababa

جەمسەرا باشوور

dadaba

ئانتارکتیکا

dada

ئەرد

dadaba

ئاخ

badada

بەهر

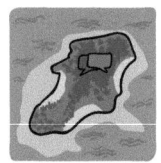

dadadada

دوورگە

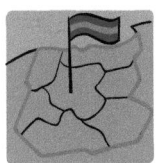

dadadada

مڵلەت

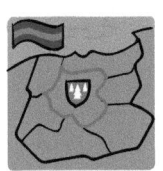

dadababa

وەلات

dada

ساەت

baba

....

روویێ ساەت

babadada

....

نشاندەرکا دەمژمێر

baba

....

نشاندەرکا دەقە

bababa

....

نشاندەرکا سانیە

dadababa

....

سێت چەندە؟

babadada

....

رۆژ

dada

....

دەم

baba

....

نها

dadababa

....

ساەتێ دجیتال

dadababa

....

دەقە

bababa

....

سێت

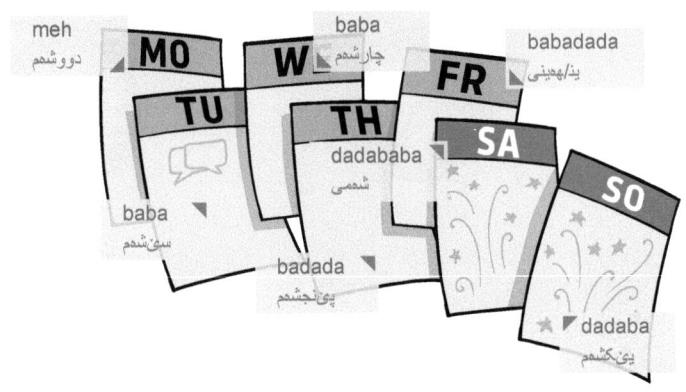

babadada

هەفتە

meh
دووشەم
baba
سێشەم
baba
چارشەم
badada
پێنجشەم
dadababa
babadada
dadaba
یێکشەم

dadadada

دوه

dadababa

ئیرۆ

dadaba

سبەی

baba

سبە

baba

نیڤرۆ

dadadada

ئێڤار

dada

رۆژێن کاری

baba

داویا هەفتە

dadaba

سال

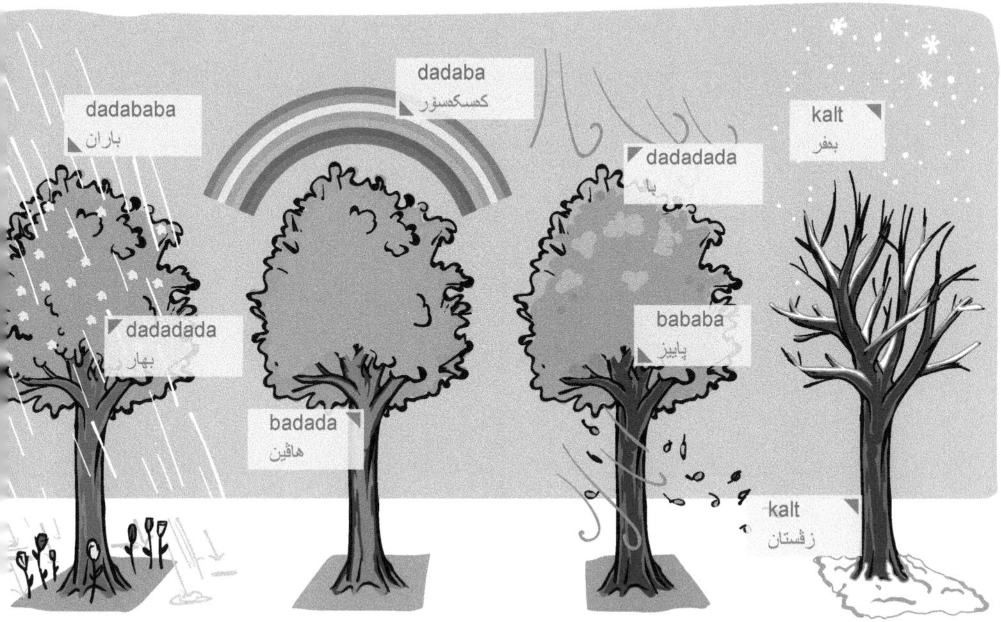

dadababa
باران
dadaba
کەسکەسۆر
dadadada
با
kalt
بەفر
dadadada
badada
bababa
پاییز
kalt
زڤستان

4.APRIL 11°
5.APRIL 4°
6.APRIL 13°
7.APRIL 8°
8.APRIL 10°

dadababa

پێشبینیا هەوا

0
10
0
-10

bababa

تەهنپیڤ

ba

تاڤ

baba

هەور

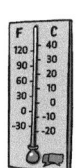

dadadada

مژ

dada

هێمی

dadaba - سال

dadababa

برق

dada

بڕووسک

badada

تۆفان

dadababa

تەرگ

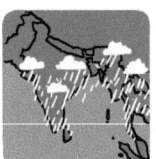

bababa

مانسوون

dadaba

لەهی

dadadada

جەمەد

dadaba

ڕێبەندان

dadaba

ڕەشەمە

bababa

نەورۆز

dadadada

گولان

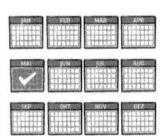

dadadada

جۆزەردان

babababa

پووشپەر

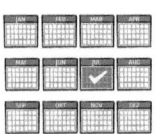

baba

گەلاوێژ

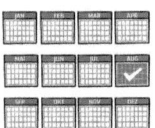

bababa

خەرمانان

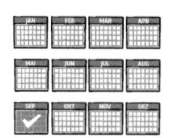

dadadada

رەزبەر

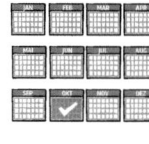

badada

کەوچێر

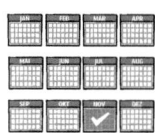

dadababa

سەرماوەز

baba

بەفرانبار

dadababa

شێوە

baba

چەمبەر

badada

چارچک

dadababa

چارقۆزی

babababa

سێقۆزی

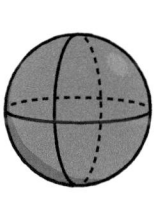

dadadada

قادا

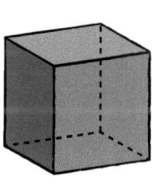

babababa

خشتەک

dadababa

ڕەنگان

dadababa

....

سپی

babababa

....

زەر

baba

....

پرتەقالی

dadadada

....

پەمبە

babadada

....

سۆر

dadababa

....

مۆر

dadadada

....

شین

ba

....

کەسک

baba

....

قەهوەیی

bababa

....

گەور

badada

....

ڕەش

dadadada

بەرامبەران

da / ba

....

زۆر / کێم

da / ba

....

ب هێرس / بێدەنگ

da / ba

....

بەدەو / نەرند

da / ba

....

دەستپێک / داوی

da / ba

....

مەزن / بچووک

da / ba

....

رۆنی / تاری

da / ba

....

براک / خوشک

da / ba

....

پاگژ / گرێژ

da / bada

....

تەڤی / نەتەمام

da / ba

....

رۆژ / شەڤ

da / ba

....

مری / زندی

da / ba

....

فره / تەنگ

da / ba
....
خوەش / نەخوەش

da / ba
....
نەباش / باش

ba / ba
....
ب هەیمجان / ئاجز

da / ba
....
قەلەو / زراف

ba / ba
....
یەکەمین / داوین

da / bada
....
هەڤال / دژمن

da / ba
....
تژی / ڤالا

da / ba
....
رەق / نەرم

da / ba
....
گران / سڤک

da / bada
....
برچی / تینی

da / ba
....
نەخوەش / ساخ

da / ba
....
نەقانوونی / قانوونی

da / ba
....
رەوشەنبیر / بالوولە

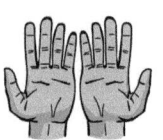

ba / ba
....
چەپ / راست

da / ba
....
نێزی / دوور

da / bada

....

نوو / بکارهاتی

da / ba

....

هیچ / تشتەک

ba / ba

....

کال / جوان

da / ba

....

ل / ژ

da / ba

....

ڤەکری / گرتی

da / ba

....

ئارام / دەنگبلند

ba / ba

....

دەولەمەند / رەبەن

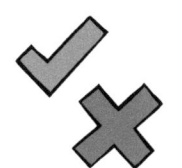

da / ba

....

راست / شاش

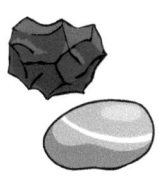

da / ba

....

دڕ / هلوو

ba / ba

....

خەمگین / شا

da / ba

....

کورت / درێژ

da / ba

....

هێدی / زوو

da / bada

....

شل / زوا

da / bada

....

گەرم / هێنک

da / ba

....

شەڕ / ئاشتی

dadaba

0	1	2
dada	a	ba
سفر	یەک	دوو

3	4	5
da ba da	badabada	dadababa
سێ	چار	پێنج

6	7	8
dadaba	badada	dadababa
شەش	هەفت	هەشت

9	10	11
dadaba	dadadada	badada
نەه	دەه	یازدە

12

baba

دازده

13

bababa

سێزده

14

baba

چارده

15

babadada

پازده

16

dadababa

شازده

17

bababada

هەفده

18

dadababa

هەژده

19

bababa

نۆزدەه

20

dadababa

بیست

100

baba

سەد

1.000

baba

هەزار

1.000.000

dadababa

ملیۆن

dadadada

زمانان

baba

ئینگلیزی

babadada

ئنگلیزیا ئامەریکی

dadababa

چینی ماندارین

ba

هێندی

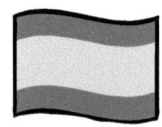

badada

ئیسپانیۆلی

ohlala

فرەنسی

babadada

ئەرەبی

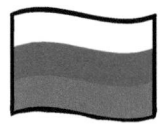

dadaba

رووسی

dada

پۆرتوگالی

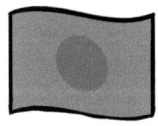

dadadada

بەنگالی

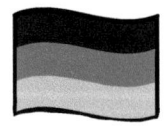

badada

ئەلمانی

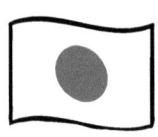

dadadada

ژاپۆنی

a
من

dadadada
تو

da / da / da
ئەو / ئەڤ / ئەو

o ba ma
ئەم

babababa
تو

baba
ئەو

dadadada
کی؟

dadadada
چ؟

baba
چاوا؟

babababa
کیدەرێ؟

babadada
کەنگی؟

dadaba
ناڤ

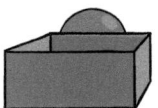

babababa

کوو

baba

....

پشتی

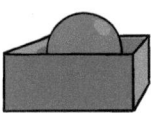

dadaba

....

baba

....

پێشی

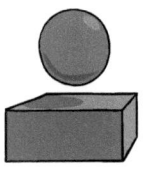

ba

....

سەر

baba

....

سەر

dadababa

....

بن

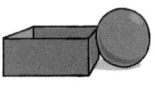

babababa

....

کێلەک

ba

....

ناڤبەر

dada

....

جە